GUMDROP BOOKS - Bethany, Missouri

EL ÁGUILA AMERICANA

SÍMBOLOS AMERICANOS

Lynda Sorensen
Español: Argentina Palacios

The Rourke Book Company, Inc.
Vero Beach, Florida 32964

CRÉDITOS FOTOGRÁFICOS:
Todas las fotos © Lynn M. Stone, excepto la página 4, © James P.
Rowan y la página 17, cortesía del U. S. State Department

AGRADECIMIENTOS:
La autora agradece la cooperación prestada por el Brookfield Zoo
durante la preparación de este libro.

Library of Congress Cataloging-in-Publication Data

Sorensen, Lynda, 1953–
    [American eagle. Spanish]
    El águila americana / Lynda Sorensen : español, Argentina
Palacios
        p. cm. — (Símbolos americanos)
    Incluye índice
    ISBN 1-55916-066-7
1. Estados Unidos—Escudo—Literatura juvenil. 2. Águila calva—
Literatura juvenil. 3. Señas y símbolos—Estados Unidos—Literatura
juvenil.
[1. Estados Unidos—Escudo. 2. Águila calva. 3. Águilas 4. Señas
y símbolos.]
I. Título II. Serie.
CD5610.S6718 1994
929.8'2—dc20   94–20746
                                                              CIP
Printed in the USA   AC

ÍNDICE DE CONTENIDO

EL ÁGUILA AMERICANA

El águila americana se convirtió en el **símbolo** de los Estados Unidos poco después de la fundación del país.

Un símbolo representa algo aparte de sí mismo. Los Estados Unidos de América eligieron el águila calva porque significaba libertad y poderío.

El águila calva, a menudo conocida como "águila americana", aparece en el escudo de los Estados Unidos. Su imagen también aparece en monedas, papel moneda y muchos otros objetos.

El águila americana posada en la antigua Aduana del Salem Maritime National Historic Site

¿ÁGUILA O PAVO?

Benjamin Franklin fue uno de los próceres de la fundación de los Estados Unidos a finales del siglo XVIII. Y parece ser que quería que el pavo silvestre fuera el símbolo patrio americano.

Al Sr. Franklin le parecía que el sabroso pavo era un ave más "noble" que el águila calva, porque el águila no tiene orgullo ya que se alimenta de **carroña**, es decir, animales muertos.

Muy pocos apoyaron al Sr. Franklin. El águila calva impresionó más a los legisladores. El Congreso de los Estados Unidos la eligió como símbolo patrio el 20 de junio de 1782.

Benjamin Franklin no estaba de acuerdo con un símbolo nacional que a veces se alimenta con carroña

DE COBARDE NO TIENE NADA

El Sr. Franklin consideraba que el águila era cobarde, tal vez porque nunca lo había bombardeado una de ellas.

Lo cierto es que un águila calva en defensa de su nido puede ser sumamente peligrosa y es capaz de abalanzarse contra una persona para alejarla de las cercanías.

Si el Sr.Franklin hubiera visto las águilas calvas en las islas Aleutianas de Alaska, tal vez hubiera cambiado de opinión sobre estas aves.

Con las garras extendidas, un águila calva se abalanza contra un excursionista que se acerca demasiado al nido del ave en las islas Aleutianas de Alaska

LA NOBLE ÁGUILA

La selección del águila calva como ave nacional de Estados Unidos fue acertada. Esta hermosa ave rapaz de fiera apariencia habita casi exclusivamente en Norteamérica y se puede encontrar en distintos momentos en todos los estados.

El águila calva es una de las más grandes y poderosas aves cazadoras del mundo. A menudo mata su presa con sus uñas o garfios afilados conocidos como **garras**. La envergadura de sus alas—la distancia de punta a punta de las alas—puede alcanzar ocho pies.

Benjamin Franklin hubiera preferido al pavo como ave nacional

Los primeros cuatro o cinco años de su vida, el águila calva no tiene las plumas blancas de la cabeza ni de la cola

ÁGUILAS POR DOQUIER

El águila calva aparece cada vez que alguien saca dinero—un billete de dólar, una moneda de veinticinco o medio dólar o un dólar de plata. También aparece en unas antiguas monedas de oro de Estados Unidos llamadas "águilas".

Más de 25 estampillas o sellos de correos tienen la imagen del águila calva. En las astas o mástiles de los edificios del gobierno se posan águilas de metal. En los Boy Scouts, o muchachos exploradores, el rango más alto es el de Eagle Scout, es decir, explorador águila.

El águila calva también adorna el escudo oficial de varios estados.

14

El águila calva era dorada en las monedas de Estados Unidos llamadas "águilas"

EL ÁGUILA EN EL ESCUDO DE LOS ESTADOS UNIDOS

El escudo de los Estados Unidos es el emblema oficial del país, el que aparece en documentos importantes del gobierno y se despliega en reuniones gubernamentales.

El águila calva aparece en el centro del escudo, con una rama de olivo en una garra, lo cual simboliza la paz. En la otra garra tiene flechas, lo cual significa fuerza o poderío.

El águila calva es la figura central del escudo de Estados Unidos

EL ÁGUILA AMERICANA EN PELIGRO

El águila calva que aparece en el escudo patrio no ha cambiado casi nada, pero no se puede decir lo mismo del águila calva en la vida real.

Durante muchos años, estas grandes aves cabeciblancas fueron objeto de cacería y los árboles donde hacían sus nidos cayeron por manos de los seres humanos. ¡Alaska pagaba una **gratificación** a quien matara un águila calva! Entre 1917 y 1952, más de 100,000 águilas calvas produjeron gratificaciones. Según algunos residentes de Alaska, las águilas mataban demasiados salmones y zorros árticos que se criaban en fincas.

Para 1960, el ave nacional se encontraba protegida por la ley en todos los Estados Unidos.

Durante 35 años, el territorio de Alaska pagó gratificaciones por águilas muertas

CÓMO SALVAR EL SÍMBOLO PATRIO

Por la década de 1960, las águilas calvas enfrentaban otro problema en los 48 estados contiguos: su número declinaba rápidamente. El problema era un producto químico conocido como DDT, el cual se empleaba para matar insectos e iba a dar a los arroyos, ríos y océanos. Los peces lo tragaban y las águilas comían pescado envenenado. Por el efecto del veneno, los huevos de las águilas se rompían.

El uso del DDT se prohibió en los Estados Unidos a principios de la década de 1970 y el futuro del águila calva empezó a mejorar.

El futuro del águila calva se remontó con las nuevas leyes para proteger el símbolo patrio

EL SÍMBOLO AL VUELO

La época en que se podían cazar águilas calvas libremente ya pasó. Hoy en día es un crimen hacer daño a un águila calva.

La mayoría de los americanos la tratan con respeto y se emocionan al verla.

Lo mejor de todo es que el águila calva está volviendo a sus antiguas áreas. Así, mucha gente podrá volver a ver el ave nacional al vuelo.

Glosario

carroña—animales muertos

garras—uñas encorvadas y fuertes de las aves rapaces, como las águilas

gratificación—pago que se hace por matar ciertos animales; recompensa pagada por un gobierno

patrio—que representa la patria, o el país de alguien

próceres—las personas que trabajan por la fundación de un país o hacen algo importante por él

símbolo—algo que representa otra cosa, como la bandera representa un país

ÍNDICE